답서

답서

김삼주 제7시집

우리글

구절초 꽃 대궁에
한 계절이 하늘거리고
또 한 계절이 저만치 다가오고 있습니다
그동안 앓던 이
몇몇은 뽑고 몇몇은 주저앉히고
이제는 제법 잇몸이 여물었습니다
고들빼기며 무말랭이, 산들바람도 씹곤 합니다
강줄기 따라 수리산이나 청계산 계곡 어디쯤 가서
농익은 곡차 한잔
함께 기울일 수 있을 듯합니다
그간의 무신했던 나날들
여기 담아 보냅니다
내내 평안하시길,

2007년 가을
김삼주

차례

1부

눈 · 13
국화에게 · 14
첫눈의 꿈 · 16
뻐꾸기 · 17
강에게 · 19
무제 · 20
버들개지에게 · 21
천둥 · 23
잔인한 가을 · 24
샛별 · 25
흙에게 · 26
가을비 · 27
들국화에게 · 28
서설 · 29
엘리베이터 · 30
동행 · 31
눈물의 다비식 · 32
밤 강 · 33

2부

눈물에게 · 37

이빨론 · 38

빈 주말 · 39

대지 · 40

너를 찾아서 · 41

제비꽃에게 · 42

햇살 · 43

아름다운 죄 · 44

만남 · 45

속삭임 · 46

유배 · 47

고백 · 48

그림 같은 아파트 · 49

그리움이 흐른다 · 51

강 · 52

강가에서 · 54

흐르는 여름 · 56

백로 · 57

3부

어떤 풍경 · 61

길 아닌 길 · 62

가을 곁에선 · 63

다시 강에게 · 64

가을의 시력 · 66

하얀 만남 · 68

숨결 · 69

너와 나의 자리 · 70

상현의 강 · 71

우리들의 강변 · 72

씨앗들에게 · 74

사람들 · 75

이유 · 76

다시 제비꽃에게 · 77

징검다리 · 79

냇물과 달과 갈대와 · 80

가을 밤 · 81

4부

사랑에게 · 85

어떤 생각 · 87

새길 · 89

강물에게 · 91

두고 온 강에게 · 93

익은 침묵 · 94

변명, 역류를 위한 · 96

어떤 여로 · 98

익은 것들의 향기 · 100

달무리 · 102

밤 · 104

또 밤 · 105

산책로 · 107

강둑에서 · 109

숨소리 · 110

강물의 노래 · 111

여명의 답서 · 113

5부

동행 · 117

눈길 · 118

그림 · 120

눈길에서 · 121

가을 장미 · 122

또 초승에 · 123

가을에게 · 124

눈보라 속에서 · 126

또 제비꽃에게 · 127

잠투정 · 128

다시 강물에게 · 129

태풍 전 · 131

그리고 강물에게 · 132

강물의 손길 · 133

먼 강에게 · 135

구절초에게 · 136

새삼 강에게 · 137

1부

눈

어디쯤에서 밀려왔을까
가지가 다 부러져 나간
나무 둥치 하나
함박눈이 고요히 다독거리고 있다

부러지고 찢긴 자리
하얗게 덮어 가는
눈부신 온도

바람은 또 저 눈옷 날려 버리겠지만
남은 눈물 또한 얼음이 되어
살 깊이 조여 들겠지만

눈부신 온도 속에
잠드는
이 순간

언 땅을 헤집고
뿌리라도 내릴 것만 같다
새 계절을 예비하는
눈 몇도 틔울 것만 같다

국화에게

높아가는 하늘을 두드리는
네 꽃잎을 기다린 것이 아니었다
가을의 깊이를 재는
네 향기를 기다린 것이 아니었다

말갛게 열리는 네 눈과 눈 맞춤한 그날부터
네 곁을 맴돈 까닭은
비가 내리는 밤도
별이 내리는 밤도
네 뜨락을 떠나지 못한 까닭은,

고절의 네 향기와 빛깔로
소슬한 내 생의 한 계절
덮기 위함은 더더욱 아니었다

너의 뿌리 너의 핏줄이 되는 법을
너의 꽃잎 너의 꽃술로 피어나는 법을
배우고 싶었던 것이었다

마침내

무서리 내리는 하늘 아래
꼿꼿이 시드는 법을
배우고 싶었던 것이었다

첫눈의 꿈

먼 산머리 무명 빛 첫눈이 덮이네
나는 열없이 어린아이가 되네

눈감고 찾아가는 그 마을
가슴이 먼저 알고 두근거리네

이불 속에서 어머니
따듯이 불은 가슴

부끄럼도 없이 받네
바람에 오래 튼 입술로 받네

어머니의 가슴과
내 입술만 있는
이불 속

나는 비로소
배냇저고리를 입은 어린아이가 되네
먼 산에 첫눈이 무명치마 주름처럼 쌓이네

뻐꾸기

시냇물에 뻐꾸기 울음 흘러온다
벙어리가 아니면서도 말이 없던
이장댁 머슴
조무래기들이 뻐꾹뻐꾹 뒤따르면 눈을 부라리다가도
도망가는 아이가 넘어져 울면
기우뚱거리며 다가와서는 일으켜주던 뻐꾸기
늘 혼자서 야산을 헤매며 나무나 풀을 베던
흰 머릿수건, 흰 베잠방이 홀아비
달 밝은 이슥한 밤엔 벙어리 뻐꾸기처럼 마을을 누볐다
기우뚱기우뚱 소리도 없이
흰 머릿수건, 흰 베잠방이를 날개처럼 펄럭이며
잠든 마을을 흘러 다녔다
그런 다음 날이면 한두 집
곱상한 아낙들의 속옷 빨래가 없어졌고
바람만 애꿎게 욕먹는 며칠이 지나갔고
어떤 친구는 분명히
뻐꾸기가 오줌을 눌 때
빨간 속곳을 내리는 것을 보았다고도 했지만
단단히 동인 베잠방이를 결코 그는 벗지 않았다
마을은 또다시 조용해졌고

달 밝은 밤이 되면
아낙들은 서둘러 속곳 빨래를 방안에 널었고
뻐꾸기는 기우뚱거리며 흘렀고
어떤 짓궂은 사내들도
끝내 뻐꾸기의 베잠방이를 벗기지는 못했는데
시냇물에 흘러오는 뻐꾸기 소리
저 산 푸른 치마폭에
뻐꾸기는 아직도 살고 있을까

강에게

노을에 너를 두고 홀로 들어서는
거리는 낯설다

땅거미를 겹겹이 지워가는
거리의 가로등은 낯설다

노을에 너를 두고 홀로 가야 하는
낯선 몸의 길

잠 같은 죽음이
꿈 같은 죽음이

이 어둠의 한 모퉁이에서 문 열고 기다리리라는
낯선 길 위의 쓸쓸한 소망

네 곁에 나를 두고 몸 누일 곳을 찾아가는
귀로는 낯설다

무제

달이 지구를 맴돌듯이
너를 맴돌고 있다
그리움의 구심력과
망설임의 원심력이
팽팽히 맞선
이 공전

지구가 단풍을 익히듯이
마음을 익히고 있다
너에게로 가는 길과
너에게서 오는 길이
새빨간 단풍으로 쌓이는
이 가을

버들개지에게

눈물방울 지듯
꽃망울 촉수들 강물로 드리운 버들개지

너는 풀겠지
소리 없이 나 사라져 버려도
내 비밀번호의 비밀을 풀겠지

나의 비밀번호는
너의 비밀이므로, 아니
너의 비밀과 나의 비밀이 엉켜 있으므로

강의 울음에 네 울음을 기대고
너의 울음에 내 울음을 기대고
울음이 울음에 기대어 흘러가고
마침내
너의 비밀에서 나의 비밀을 키운
강변의 밤들

저 캄캄한 무명의 바다에
열리지 않는 섬이 되어 떠다녀도

너만은 눈물로 만든
이승의 내 비밀 창을 열어 내겠지

천둥

어둠은 더 짙어야 쓰겠다
시간은 더 흐르지 말아야 쓰겠다

예고도 없이 몰아친 천둥 번개 속에
마침내 돋아나는 강의 허리

네가 무엇인지 대꾸도 없던 나날들
어둠 속의 이 순간을 예비했던 것인지

웃음인 듯
울음인 듯
일렁이는 강의 살결
흐름으로 눈부신 생명의 살결

다시 한 번만,
다시 한 번만,
어둠에 눈을 열어 더듬는 이 밤

시간은 더 흐르지 말아야 쓰겠다
차라리 나 산산이 부서져야 쓰겠다

잔인한 가을

가을 속으로 헤매는 일은
초죽음이 되어도 황홀하고

가을의 꿈에 뒹구는 일은
밤을 새워도 모자라고

잘 익은 이 가을은
이리도 깊고 그윽한 것이냐

시린 세월 이 가을은
넋 나간 몸뚱이가 되는 것이냐

샛별

어찌 잠들란 말이냐 이 가을 새벽에
어찌 돌이 되란 말이냐 이 가을 뜨락에

내 사랑은 밤새워 동녘 하늘에
사연을 밝혀 눈 뜨고 있는데

하늘이 깊어 바람도 깊은
바람이 깊어 설움도 깊은

내 사랑은 못다 한 말 동녘 하늘에
파르르파르르 떨고 있는데

어찌 돌이 되란 말이냐 이 가을 뜨락에
어찌 잠들란 말이냐 이 가을 새벽에

흙에게

문이 여럿인 거냐
향기가 여럿인 거냐

네 문이 열릴 때마다
이름을 바꾸는 너의 향기

도라지 향이라 불러 두면 또
머루 향이 열리고
머루 향이라 불러 두면 또
솔 향이 열리고
또 달리 열리고 또
또 달리 열리고

온 산천에 열리고 또 열리는
네 문은 분명 하나인데

열릴 때마다 향기를 바꾸는
너, 생명의 문아

가을비

길이 젖고 있다

귀뚜라미 울음에 젖던 길이 다시 가을비에 젖고 있다

해바라기들 쭉정이로 늘어선 길

물들고 잎 져서 비로소 보이는 가을 길

지나온 내 밤들이 젖고 있다

해바라기 쭉정이 시든 목이 젖고 있다

그대에게로 난 길이 젖고 있다

들국화에게

잠자리 지나듯 네 향기가 오고 있다
가을을 끼고 앉아 눈감는 한때

온몸으로 취하는
아득한 향기

어루만짐이 아픔이라면
이만치 비켜 앉고

보는 것이 아픔이라면
아예 눈감고

내 마음 밭에 키우는
아득한 정복淨福

탓이야 하겠느냐
살아 있어 품는 이 욕심을

서설

성에꽃이 핀 창 너머
마을은 온통 꽃이다

서리꽃이 핀 길 너머
강변은 온통 꽃이다

눈꽃이 쌓인 저 겨울나무
그대가 지어 놓은 따듯한 밥상

그대 미소가 핀 눈동자 너머
겨울은 온통 꽃이다

엘리베이터

지하에서 지상으로
어둠을 퍼 나른다

가슴 깊은 곳에서 오래 묵은
한숨들을 퍼 나른다

끝없이 퍼 날라도 줄어들지 않는 어둠
묻혀 온 햇살마저 슬픔의 균사를 벋어 분열하는
내 영혼의 지하에서 지상으로
어둠을 퍼 나른다

어둠 한 덩이가, 반짝
햇살이 되는 내 그 순간을 위하여, 너는

고요한 등불 켜고
꿈속에서도 어둠을 퍼 나른다

동행

얼어붙어 열리지 않는 창에
떠오르는 새를 본다

바람이 제 집인 새와
바람 없는 언 창문 속이 제 집인 사내

언 유리창을 사이에 두고 이루는
삼동의 해후

영혼이 그 그림자가 되어 따라가는
바람의 동행

눈물의 다비식

네 눈물이 내 휜 등을 씻기고

내 눈물이 네 속 상처를 씻기는

눈물의 다비식

불꽃은 그 누더기 스님을 씻어

한 움큼의 사리를 받았다는데

내 휜 등에서도 네 속 상처에서도

눈물만 쌓여 글썽이는

눈물의 다비식

밤 강

비 내린 강 부푼 풀숲을 사람들이 지나고, 지나고,

부푼 풀숲 웃자란 그리움을 그 누구도 보지 않고, 보지 않고,

강물처럼 어둔 밤

강물처럼 흘러가는 밤

흘러가도, 흘러가도, 마음은 여전히 그 자리를 맴돌고

2부

눈물에게

네 꿈을 따라가다 잠을 깨고

네 꿈을 입고 네 꿈으로 동여매고

오늘 위에 네 꿈을 새기러 나선다

마을은 여전히 흙바람에 뒤덮였어도

물 위에 해오라기, 둥근 꿈 쪼고 있는 아침

이빨론

사랑도 꿈도 혼자 깨물다가
어금니를 둘씩이나 잃고
몇몇은 덮어씌우고 그래도
몇몇은 시리고 흔들리고서야 겨우
치과에 들락거리지 않는 법을 알았다

어떻게 물어뜯고
어떻게 씹고
어떻게 뱉고
어떻게 닦아야 하는지를

언제 입을 열어야 하고
언제 입을 다물어야 하는지를

언제 어금니를 깨물어야 하는지를

빈 주말

아이는 제 친구를 만나러 가고
에미는 제 하나님을 만나러 가고

텅
빈
집

바람 홀로 창을 흔들어도 보고
바람 홀로 신문을 뒤집어도 보고

대지

수억 볼트 번개로 쏟아지는
하늘의 정염도

정염 아래 밑동이 주저앉는
나무의 신음도

잠재우듯 몸 깊이 안아 들이는
우기의 대지

정염 뒤의 폭우마저 넘치게 끌어안는
우기의 사랑

너를 찾아서

물 위에 네 얼굴을 그린다
징검다리에 쪼그리고 앉아
물결에 숨은 네 향기를 찾는다

그리면 그리는 대로 바람이 지우고
찾으면 찾는 대로 물결이 실어가 버리는
네 얼굴
네 향기

강물은 흘러가는데
강물 따라 나도 흘러가야 하는데

물결 위에 가로등도 가물거리며 꺼져 가는데
강변도 싸늘히 비어 가는데

이 강 어느 여울에
너 있느냐

제비꽃에게

많고 많은 이마 중에서
왜 네 이마만 빛나고 있었을까

많고 많은 눈동자 중에서
왜 네 눈동자만 빛나고 있었을까

강둑엔 자욱한 풀꽃들
안개처럼 부딪쳐 오고 사라져 가는데

햇살같이 스며들어
내 핏줄 속에 도는 청보라 꿈이여

햇살

안개 걷힌 강가에서
이 세상 처음 햇살을 만나네

멀고 가파른 길 걸어온 내 발
글썽이는 것들 모두 모아 씻기네

오랜 안개에 파랜 내 입술도
용서하며 받네

온 강가에 고이는 눈부신 용서
내 젖은 어깨 따듯이 쓸어주고

눈부신 살결
햇살을 안네

죽음도 삶도 죄도 한 점 섞이지 않은
눈부심을 안네

아름다운 죄

흐르는 것이 어찌 죄이랴

흐름으로 고단한 마음
함께 잡고 흐르는 것이 어찌 죄이랴

흐를수록 물결은 거세고
흐를수록 바람도 거센데

연약한 부평초들
함께 어우러져 흐르는 것이 어찌 죄이랴

작은 물결에도 생채기로 얼룩지는
너와 나

저 흐름 속에
마음 묶어 흐르는 것이 무슨 죄이랴

만남

입추의 하늘 아래
물이 물을 아우르고 있다

학의 마을에서
수리의 마을에서
반생을 흘러와 뒤척이는 내와 내
서로가 서로를 불길처럼 아우르고 있다

산마을 언덕마다 매운바람 아니더냐고
흘러온 길 굽이굽이 돌밭 아니더냐고
하늘빛 맨살 부비며 아우르고 있다

황금 빛 낙엽들
또 쌀밥 빛 눈송이들
일생의 새경인 양 지고 가야 할
남은 계절 바다로 가는 길

부르튼 발 서로 어루만지며 가자고
물과 물이 안아 뒹굴며 아우르고 있다

속삭임

안개가 강물을 덮고 있다
발소리 하나 없는 여명에,

고요히 엎드린 듯
아니 자는 듯 죽은 듯
길고 긴 필 무명 포옹

아니다, 저 쉼 없는 속삭임
강물이 안개에게 안개가 강물에게
입김으로 주고받는
하얀 목소리

사랑은 무명 빛이라고
갈대숲에 몸 가리고
강물과 안개

유배

어둠이 밀려가는 자리에
이슬 같은 소리들 쌓이고 있다

밤새워 귀또리
진양조 쉰 목청
이른 아침 매미
중모리 새 목청
한 켜 한 켜 차오르고 있다

어둠 속에서 너를 기다리고
어둠 뒤에서 또 너를 기다린다

침묵하라, 침묵하라,
쉰 목청이 내 등을 다독이는 냇가

기다려라, 기다려라,
새 목청이 내 귓전에 쏟아지는 냇가

너의 눈빛이
한 켜 한 켜 차오르고 있다

고백

이 길을 가는 것이 혼자가 되는 것임을 알면서도
마냥 이 길을 가고 있습니다

꽃이 활짝 핀 길도
햇살이 환한 길도
새들이 지저귀는 길도
그냥 지나치며 이 길을 가고 있습니다

어둡고 바람이 드세고 자갈이 깔리고……
자꾸만 헛디디고
자꾸만 제 발소리에 놀라
가슴을 쓸어내리는 길

이 길을 가는 것이 슬픔이라는 것을 알면서도
마냥 이 길을 가고 있습니다

이 길이 당신에게로 난 길이기 때문입니다
이 길이 더 없는 황홀이기 때문입니다

그림 같은 아파트

반백의 사내가 먼저 식사를 한다 개밥그릇만한 사발에 이것저것, 전자레인지를 돌아 나와 숟가락 하나로 밥 한 술에 창밖 한 술, 밥그릇을 씻어 놓고 현관을 나선다 뒤이어 여자가 앉아 식사를 한다 애완용 고양이 밥 접시 같은, 거울을 보면서 야채 한 입에 얼굴 주름살 하나, 씹어 나간다 여자가 욕실로 사라진 자리 여드름 자국이 사라져 가는 사내아이 밥을 먹는다 눈곱 같은 빵 부스러기를 흘리면서 해장국 마시듯 우유를 마신다 밥 먹을 땐 개도 건드리지 않는 법, 그래서인지 개가 그들의 식사를 건드린다 고풍의 식탁 다리를 긁으며 꼬리로 말을

걸어온다 건드린 대가로 입
안에서 질겅대는 찌꺼기가
바닥에 떨어지기도 하고 씹
던 야채 조각이 주둥이에서
주둥이로 전해지기도 한다

그리움이 흐른다

달빛 아래 강이 흐른다
초닷새 여린 달빛 아래 미리내가 흐른다
미리내 이편저편 서성이는 그리움들
구름다리를 건너고 혹은
징검다리를 건너고
미리내를
건너는 사람들
미리내 물결 위에 그리움들이 흔들린다
초닷새 여린 달빛 아래
그리움들은 흘러가고 또 흘러오고
내 그림자도 징검다리 아래
소용돌이치고 있다
소용돌이로 솟구쳐 제 그리움을 찾고 있다
물길을 거슬리며
물길을 바꾸며
소용돌이치는 그림자
강물이 그리움을 흘려보내는 것이 아니었다
그리움이 강물을 밀고 가고
그리움이 물길을 바꾸어 가고
초닷새 달빛 아래 그리움이 흐른다

강

강은

지워지지 않는
생의 시

아름다워서 슬픈
목숨

강은

슬퍼서 그리운
영원한 길

내 영혼의 방에
영원의 이름으로 들인 단 하나의 이승

강은

이름만 되뇌어도
시의 샘이 되는

마침내 나를 젖어 살게 하는
슬픈 이름

강가에서

바람을 찾아 강가에 선다
바람이 전하는
너의 목소리 너의 향기
아편처럼 녹아 흐르는
풀 내음 물 내음

바람은 흘러
물결에 스며들고
나는 또 물결에
내 그림자를 부비고

너의 목소리가 그림자를 감싼다
너의 향기가 그림자를 감싼다

목소리에 향기에
부푸는 그림자
목소리에 향기에
은빛 돋우는 그림자

바람을 안고

그림자가 흐른다

그림자를 안고

밤이 흐른다

흐르는 여름

강이 흐른다
강 곁에 길들이 흐른다

길 위의 사람들
흐르다 거스르고
흐르다 돌아가고
물보다 빨리 달리고
되돌아 달리고
딴은 샛길로 사라지고

길 위의 사람들
거슬러 가는 길도 물의 길일까
흐르다가 어디쯤에서 풀숲으로 사라지듯
흐르다가 어디쯤에서 모래 틈으로 사라지듯
거슬러 흐르다가
가뭇없이 사라져 보이지 않는

길 위의 사람들
그 한가운데서
물 따라 흐르고 있는
너와 나의 계절

백로

땀을 쏟으며
바람을 일으키며
달리지 않아도 좋았다
팔다리에 푸른빛
넘치지 않아도 좋았다

흰 이슬이 내린다는 백로 언저리
가는 듯 멈춘 듯
물결이 되어 흐르는 강가

산란의 계절이 오면
머리에 가슴에 비린 깃털이 돋는 백로처럼
가슴속 새로 돋는 강의 깃털을 쓰다듬으며
물결이 되어 흐르는 강가의 저녁
누룩 빛으로 익어가는 물결의 저녁

막 저녁식사를 마치고
물 위로 날아오르는 한 쌍의 백로
백로가 가는 길을 하염없이 보며
징검다리를 감도는
물결이 되는 저녁

3부

어떤 풍경

목발도 받아 놓고
의족도 벗겨 두고
더위에 시든 종아리를 씻긴다
처서 비에 더욱 투명해진 학의천에서
종아리를 어루만지듯 씻어 내리는
여인의 손끝이 가늘게 떨리고 있다
사람들의 시선을 등으로 막고
간간이 사내의 깊은 눈을 맞추는
눈웃음이 물방울처럼 희다
맞추다가 또르륵 흘러내리고
또 맞추다가 조르륵 굴러 내리는
눈웃음 물방울들
발을 풀어 놓은 종아리가 바알가니
웃는다
사내의 굳은 손이
여인의 귓불 언저리에서
서성인다

길 아닌 길

길을 두고
길 아닌 길을 간다

엉겅퀴 시퍼런 눈총이 종아리를 할퀴고
너삼 줄기 가시 돋친 비아냥거림 발목을 잡는
하오의 둑길
빈자리 가려 디딘 외길 발자국들만
나를 좇아온
길 아닌 길

하늘빛으로 물든 너 거기 있으므로
바람 냄새로 향기 익은 너 거기 있으므로

길을 두고
길 아닌 길을 간다

사람의 길을 두고
너의 길을 간다

가을 곁에선

팔다리 그렇게 함부로
휘저으며 지나칠 수 없다

저 들풀이란 들풀들 모두
제 키에 벅찬
한 해의 이삭
이슬 빛 하늘 향해 기도하듯 받쳐 든 곁을
감히 발소리 마구 내며
걸을 수 없다

허공에 휘젓던 내 빈손,
한 걸음 한 걸음이 오금이 저린다

순은 빛과 순금 빛 사이
들머리 가을의 석양 같은
휘어지게 익혀 올리는 생애
물결도 그를 따라 이슬 빛으로 여물어 가는
들머리 가을

굳어버린 발길로
바라볼 수밖에는,

다시 강에게

너는,

새들의 영혼

백로의 가슴처럼 흘러가는

오리의 깃처럼 물결 짓는

너는,

안개에 몸 씻는 새벽부터

석양을 몸 깊이 받아 익히는 저녁까지

새떼들 하얗게 길어 올리는

날갯짓 하얀 향기로 흐르는

너는,

구원의 사랑

소나기에 흐린 날도

땡볕에 익은 날도

새떼들 몸 깊이 품고 사는

너는.

가을의 시력

저어기
태풍에 단단해진 가지
바람에 뒤섞는 은행나무들

깊은 주름 찡그려 세어 보아도
도무지 몇 그룬지 셀 수 없고

여기 바로 바랭이풀
점자로 익혀 받든 한 해의 비밀
허리 굽혀 보아도 읽을 수 없다

멀리도 가까이도
속속들이 헤아리지 말라는 것인가
보아도 보이지 않는 듯 보이지 않아도 본 듯
웃으란 것인가

돋보기와 안경을
번갈아 써야 하는
이 시력

온 강둑이
순은으로 순금으로 익어가는
가을의 석양에서는,

하얀 만남

단비 적시고 간 냇가
흰 몸 일으키는 들풀들 사이
조약돌 하나 몸을 말리고 있다

비가 드문 냇가
비 맞은 만큼 하얀
조약돌
하얀 만큼 눈웃음 고운
조약돌

어둡고 먼 영원한 잠길을 가는 노중
내 발길을 묶어 버린
하얀 기쁨

이것이 내 이승의 단 한 번의 해후라고
노래할 수밖에 없는
하얀 만남

숨결

보세요
건들바람 아니잖아요
갈대머리 은빛이 돌기 시작했다고
건들바람 아니잖아요
가슴에 겨드랑이에 자릿이 스며든다고
건들바람 아니잖아요
생량머리 일었다가 상강도 채 되기 전 꼬리를 감추는
건들바람 아니잖아요
겨울에서 또 겨울까지
해오라기 고단한 발목을 씻어 주는 저 강물의
한결같은 눈짓
보이잖아요
우리들 귓불에 가슴에 속삭이는 저 강물의
낮고도 깊은 숨결
들리잖아요
보세요 저 보세요
한여름에도 삼동에도 그 자리 그렇게 고요한 저 강물의
숨결이잖아요

너와 나의 자리

너와 나의 자리는,
백로가 발 담근 모래톱 저어기쯤
비둘기 종종 걸어 드는 바랭이 풀숲 저어기쯤

꼬리 물고 나들이 가는 피라미 떼 마냥 보기만 하다가
실바람 되어 흔들리는 제비나비 마냥 보기만 하다가

너와 나의 자리는,
바람이 키를 낮추는 갈대밭 저어기쯤
물소리 휘돌아가는 징검다리 저어기쯤

노란 부리 꽃잎처럼 연 새 새끼들 마냥 보기만 하다가
숲으로 드는 하얀 날개 한 쌍 마냥 보기만 하다가

너와 나의 자리는,
마냥 보기만 하는 자리
보기만 하다 바람처럼 사라져 가는 자리

상현의 강

강도 추석 준비를 하는 걸까
제삿날 어머니처럼 갈바람에 몸 씻은 강물
상현달을
품고 있다

추석 이편에 나도
찔레꽃 같은 네 얼굴
품고 있다
헤어지는 걸음마다 돌아보고, 돌아보고
굽은 길 멀어져도 돌아보고, 돌아보다
찔레 덤불에 잠기어 간
네 얼굴

강도 그리운 얼굴 품어 추석 준비를 하는 걸까
품은 저 얼굴 환하게 밝혀
추석을 여는 걸까

우리들의 강변

계엄군처럼 강변을
덮어 버렸었어
수심을 알 수 없는
발밑에 차오르는 황톳물에 가슴 조이던
갈대도 강아지풀도 자취도 없이
잠겨 버렸었어
하늘거리는 풀잎마다 팔랑이던 여름의 꿈
여지없이 묻혀 버렸었어
끝판이었었어
죽음이었었어
그래, 그랬었어
저렇게 파랗게 고개 들 줄
몰랐었어
황톳물 같은 밤이 지나고
그 기세 높던 공포도 강 따라 흘러가고
저리도 많은 할퀸 자국들
그 사이에서
저렇게 초롱초롱 눈뜰 줄
정말 몰랐었어
가라앉은 황토를 먹고

저렇게 은빛으로 이삭 내밀 줄은
꿈에도 몰랐었어

씨앗들에게

붙잡아라 씨앗들아
마지막 시련이다 저 가을 소나기
마지막 심술이다 저 비바람

그래, 아귀에 피가 맺도록
그래, 내 대궁에도 피가 맺도록

붙잡아라 씨앗들아
마지막 사랑이다 이 아픔
마지막 꿈이다 이 흔들림

그래, 소나기는 지나가는 비 아니더냐
그래, 비 가면 비바람도 가지 않더냐

붙잡아라 씨앗들아
먹구름 끝에 저 푸른 하늘
여문 햇살 담뿍 머금고 있다

네 우윳빛 속살
옥돌처럼 익힐 날 기다리고 있다

사람들

물에서 날아오르면서
깃에 물 한 방울 묻혀 가지 않는다 청둥오리 떼

가슴 두근거리던 물
이내 고요해지고

물에 사철 발 담그고서
제 독물 한 방울 흘려보내지 않는다 여뀌

그 그늘 속에 버들붕어
여전히 살지고

돼지비계 타는 냄새
밤마다 온 강물을 태우는데

이유

나는 너를 은초라 불러야겠다
바랭이야 강아지풀아 여뀌야 또 엉겅퀴야

네 이삭이 네 씨앗이
은빛으로 여물어 가서가 아니다
노을 아래
네 피부가 네 향기가
은빛으로 여울겨 와서가 아니다

내 이승을
비바람이, 황톳물이, 휩쓸고 할퀴어도
풀빛으로 웃으라는 네 눈짓
꽃바람이 꽃구름이 휘덮고 감싸도
그저 고요히 제자리 지키라는 네 몸짓

나는 너를 은초라 불러야겠다
고마리야 구절초야 갈대야 또 칡덩굴아
내 이승의 은혜들아

다시 제비꽃에게

앉아서 너를 본다
앉은뱅이꽃아

얼어붙은 흙 속에서
여물린 뿌리
딴은 아직도 늦잠 자는 풀뿌리들 비집고
냇둑 비탈에 얌전히 앉은
앉은뱅이꽃아

쪼그리고 앉아서 너를 본다
흔들바람 뿌리째 흔들어도
휘어지다 금세 또 꼿꼿해지는
허리
글썽이다 금세 또 맑아지는
눈빛
흙바람 부는 이 봄 가뭄에도
물 머금은 듯 뿜어내는
네 꽃빛 또
잎빛

벌서듯 쪼그리고 앉아서 너를 본다
앉은뱅이꽃아

열없이 키만 자란 나는
흙바람에 쑥대머리 어지러운 나는

징검다리

물결이 어루만지다 흘러가도
그저 그 자리에

함박눈 소복이 품었다 가도
그저 그 자리에

가슴을 치는 사람 눈물 쏟고 가도
그저 그 자리에

조무래기들 몰려와 분탕질 치고 가도
그저 그 자리에

홍수에 잃은 두어 마디 갈아 끼고서
그저 그 자리에

이편과 저편을 맞잡고
그저 그 자리에

냇물과 달과 갈대와

냇물 속에 달이 가고
달 곁에 갈대 간다

바람이 일 적마다
미소 짓다 호호대다 까르륵거리다
굽은 길 돌아 다리를 건너
함께 가는 길

달 곁에 갈대 가고
갈대 곁에 내가 간다

바람이 일 적마다
글썽이다 중얼대다 끄덕거리다
다리를 건너 굽은 길 돌아
함께 가는 길

웃음도 글썽임도 여울져 오는 거리
나란히 사이하고
함께 가는 길

가을밤

냇물도 가을이면 제 몸 비워 가는 것일까
이슬처럼 여물린 물결
키 낮춰 흐르고 있다

달도 가을이면 제 몸 맑혀 가는 것일까
물결 위에 내린 하현
잠방거리고 있다

먼 길 위의 차들 소리
바람처럼 깊어지는 한밤의 물가

사내도 가을이면 제 어깨 내려놓고 싶은 것일까
갈대 물결 사이 돌이 되어 앉은 사내
물결처럼
하현처럼
쿨럭이고 있다

달은 잠방거릴수록 물 위에 떠오르고
어깨는 쿨럭일수록 갈대 물결에 가라앉아 가고

쿨럭일수록 더 무거워지는
목숨의 어깨
냇가에 뿌리 내리는 돌이 되고 있다

4부

사랑에게

푸르거든 맑지나 말아라
사랑아

지상의 먼지들 아득히 덮어 버린 겨울 눈밭에
맑은 향기로 아른거리던 너는,
봄비 씻고 간 상수리 숲 파란 그늘에
맑은 미소로 아른거리던 너는,
이 가을 갈대 우는 강가
또 나를 주저앉히는데,

냇물에 내려온 파란 하늘
물밑은 맑아 끝이 없고
끝없는 하늘가 너는 또 맑게 아른거리는데,

사랑아
갈대를 붙잡고 삭여야만 하는 이 어질증
너는 왜
맑은 빛 속에서만 아른거리는 것인지
너는 왜
아른거려서만 속속들이 불붙는 것인지

사랑아
푸르거든 정녕 맑지나 말아라

어떤 생각

걷노라면
아득히 낯익은 그림자 하나
따듯이 손을 내밀 듯
다가오다 다가오다 날 지우고 사라져 가고

깨어나 걷노라면
아득히 낯익은 발소리 하나
톡 등을 칠 듯
따라오다 따라오다 날 지우고 사라져 가고

또 깨어나 걷노라면
입김처럼 감싸 안을 듯
아득히 낯익은 향기 한 폭
따라오다 따라오다 날 지우고 사라져 가고

걷노라면 걷노라면……

기다림이란
그런가 보다
생각할 밖에

세상 모든 거
낯익다 낯익다 여기는 거
낯익은 듯 낯익은 듯 다가와 날 지우는 거
지워지고 지워져도 또다시 깨어나는 거

정말
그런가 보다
생각할 밖에

새 길

냇가에 길이 나자
사람들이 하나 둘 대로를 버렸다

바르고 빠르고 넓은 대로
이름처럼 번쩍이는 승용차를 버리고
하루가 멍으로 내려앉은 어깨를
따듯이 또 시원히 감싸 주는 버스를 버리고
대로 옆 보도는 아예 버리고
냇길을 걷기 시작했다

제비의 비둘기의 참새의 뱁새의 청둥오리의 해오라기의
구비 지고 느리고 좁은 냇길
사람들이 그 길을 걷기 시작했다

두 팔을 날개처럼 흔들며 또는
두 다리를 학처럼 겅중거리며 또는
온 길 이따금씩 뒤돌아보기도 하며
새처럼 걷고 있는 사람들

새가 되고 싶은 것일까

아니면 사람들도
본래 새였던 것일까

강물에게

해 저무는 둑에 앉아
너를 생각한다

끊임없이 밀려와서 또 밀려가는
너를 두고 길을 생각한다

반짝이며 또 글썽이며 밀려가야만 하는
너를 두고 사랑을 생각한다

늘 푸른 하늘가
영원히 푸른 바다에
묵묵히 가까워 가는
너를 두고 죽음을 생각한다

길은 이미 열려 있고
돌아서 가면 뭇 발길에 떠밀리고 짓밟히는
이승의 길 또
너의 길

길옆에 비켜서서 돌이 되고 싶은

해 저무는 이 둑에서
너를 생각한다

두고 온 강에게

언제부터 네가 내 안에 살기 시작했을까
너를 두고 혼자 걷는
남도의 밤길
어둠을 한 겹씩 젖혀 걸을 때마다
환한 네 모습
내 앞에 길처럼 열린다
지금 난 어둠 속을 가고 있는 것이 아니다
너의 갈대 자락
한 겹 또 한 겹 젖히면서
어둠에도 눈부신 너에게 들면서
차령의 어느 골짜기
낯설지 않은 길을 가고 있는 것이다
길들음이란 또 길들임이란
떨어져 있어도
이렇게 함께 있음이구나
어둠 속에 있어도
이렇게 눈 밝혀 나아가게 하는 것이구나
홀, 홀, 산새 날갯짓 소리에
또 한 겹 어둠을 젖힌다
두고 와도 내 곁에 있는 너를 더불어
밤길을 간다

익은 침묵

검푸르게 독이 오른 여뀌
한 잎 한 줄기로도
한 목숨 쓰러뜨릴 듯 웅크리고 있다

보석인 양 씨앗 여물려 든 강아지풀
건들바람 일기만 하면 천지에 흩어 버릴 듯 꼬느고 있다

하늘빛이 된 냇물
하늘인 듯 물결 한 점 없이 굳어 있다

익을 대로 익은
갈 강의
침묵,

어디선가 백로 한 마리
날아 앉는다
잠방,
물결이 일 듯하다가
일순 앙다무는 강물,

강물에 백로
발목 잡혀 있다

새털구름인 양 강물은
바닥 깊이에서만 숨죽여 흐르는
추분의 익은 침묵

변명, 역류를 위한

북으로 길을 열 수밖에 없다
사람들은 남으로 창을 내고
꽃 소식이며
저 겨울의 찬바람
따듯이 들여오는데
나는 이 천형의 길
북의 길을 갈 수밖에 없다
남녘 그 어디
수풀과 덩굴들 엉클어진 골
북망의 하늘만 열린 바위틈에서
첫걸음을 배운 물의 몸,
산을 넘을 줄 모르는 나는
북으로 북으로 흐를 수밖에 없다
제비꽃아
바위에 자갈에 네 빛깔로 멍들어야 나아갈 수 있는
북망의 길
냇둑 풀숲에서 키 낮춰 엿보는
앙큼한 사랑아
네 향기 양식처럼 안고 가는
네 보랏빛 웃음 문신처럼 새겨가는

석양의 이 역류를
역류할 수밖에 없는 슬픔을
너의 뿌리에 묻어다오
또 새봄에도 이 길 어디쯤에서
북망으로 북망으로 구를 수밖에 없는
내 멍 빛, 수줍게
꽃피워다오

어떤 여로

두꺼비 한 마리 기어가고 있다
돌무더기 지나,
풀숲 지나,
산책로 한복판 사람들의 발길 사이
지뢰밭을 건너고 있다
어디일까 그의 종착점은
저 높은 둑 찔레 덤불 아래일까
둑 너머 어느 집 앵두나무 아래일까
뇌관이 터지듯
신발 바닥이 등을 스쳐가고
스쳐가고, 자전거 바퀴가 눈앞을 스쳐가고
스쳐가고, 외마디 긴 폭음
두꺼비다, 한 사내아이
꼬챙이가 두꺼비의 누더기 등을 찌른다
멈칫, 독일까, 두꺼비의 주둥이와 눈이 물기로 젖고
냇물에서 산책로를 지나 그 어디로 횡단하는
목숨을 건 여로
무엇일까, 목숨보다 큰
그를 부르는 힘
먹이일까

자식들일까
사랑일까
꼬챙이를 치우고 길 건너로 그를 옮기려던 내 손이
부르르, 감전된 듯 오그려진다
목숨 건 일이 한 번도 없는
내 가슴,
방망이질치기 시작한다, 너를 향한
부끄러움이 신열로
마구 솟아난다

익은 것들의 향기

어찌 고추 향만 매우랴
잠자리 날갯짓 아래 고추 멍석들
거두어들인 지 여러 날
순금 빛 고추씨 한 알 보이지 않아도
냇가에 매운 향 사라지지 않는다

냇가 이편저편
바람 끝 스칠 때마다
살아나는 매운 기운

바랭이 씨앗에도 갈대 씨앗에도
망초 마른 꽃잎 속에도 찔레 열매에도
실오라기처럼 감도는
풀 냄새 끝 매운 기운

봄날 민들레꽃 향기 끝자락 같은
늦여름 산나리꽃 향기 끝자락 같은
마른 풀 냄새 끝 매운 기운

어찌 고추 붉은 향만 매운 것이랴

익은 향기 끝에 오는
여문 깊이에서 솟는
속살의 향

가을 가득 강물이 채우는
사랑의 향

달무리

홀로 가는 길에 누가
불을 밝히는가

남녘의 밤길에 흐린 달무리
풀숲 높이 외등으로 걸려 있다

달무리 있어 더 외로운 밤길
어둠이 아니어서 더 외로운 밤길

밤길의 끝은 강으로 이어질 것이고
거기서 나룻배를 타면
이 길은 또 저승으로 사라질 것인데

네 불빛에 눈이 익은 나는
어둠이 되어 어둠 속에 잠든 바위들
그 그림자 하나 되지 못한다

불을 밝힘으로
불 아래 홀로 있는
유령 같은 그림자 홀로 지고 있는

남녘의 밤길

홀로 가는 이 길에 왜
너는 등불로 왔는가

밤

강물아
너를 만나면 나는 왜
어둠이 되어 버릴까 왜
바람 이는 네 살결처럼 사라져 버릴까 왜

네 몸 깊숙이 숨은 별이 되기도 하고
네 몸 깊숙이 흐르는 구름이 되기도 하고

나는 보이지 않는 걸까 왜
네 숨소리로 숨쉬고
네 눈길로 세상을 보고
나는 어디에 있는 걸까 왜

누나의 등에서 잠이 들듯
어머니의 무릎에서 꿈을 꾸듯

이 부끄러운 나이에
강물아
너는 나에게 왜
이리도 깊고 두터운 밤일까

또 밤

설빔을 머리맡에 첫눈처럼 모아놓고
새 아침을 기다리던 어린
겨울밤들이 있었지

눈을 감아도 잠 못 들어
호롱 불빛에 하얀 창호지
문살을 헤아리다
호롱불 아래 무명 두루마기 동정을 다는
창호지처럼 여윈 어머니 이마를 보다
달은 아랫목 이불 속
부스럭거리다 새벽이 오던 어린
겨울밤들이 있었지

오늘밤 같은
먼 산 서릿바람 실려 오는 냇둑
벙글기 시작하는 구절초 꽃망울들
윤칠월 그믐밤 냇물도 몰래
꽃잎들 열고 있을
오늘밤 같은

꽃잎 속 매운 향기 냇둑에 흩는
내일을 기다리며 눈을 감아도
구절초 꽃망울들 방시레 터져오는
오늘밤 같은

보랏빛 매운 향기 잠자리 가득 부풀어 오르는
오늘밤 같은

산책로

시월로 접어드는 강둑길
길 가득 사람들이 몰려나오고

귀에 음악을 꽂아야
음악이 들리는 그들 앞에서
귀에 사람의 리듬이 있어야
휘젓고 걸을 수 있는 그들 앞에서
풀 이삭들 노래를 듣는다

풀무치 귀뚜라미 물결의
노래
그저 말없이 고개를 끄덕이며
네 노래처럼 나도 여기 있다 끄덕이며,

술판에 둘러앉아 휴대전화를 열고
자동차 경적처럼 외쳐 대는 그들 앞에서
휴대할 술꾼이 있어야
밤을 지날 수 있는 그들 앞에서

풀 이삭들 전화를 받는다

바람이 전하는 먼 산의 소식
그저 말없이 고개를 끄덕이며
네 소식처럼 나도 길채비 한다 끄덕이며,

강 가득 소음들이 소음들에 몰려가도
풀 이삭들 그저 말없는 강둑길

강둑에서

옥양목 같은 햇살

비껴 내리는 강둑

들꽃들 매운 향을 비집고 누워

구절초 여위고 긴 목을 우러러본다

꽃잎인가

하늘인가

하늘은 꽃빛으로 열려 있고

꽃잎은 하늘빛으로 잠겨 있다

숨소리

갈댓잎 사이로 흘러가는
산들바람 소리
저 강물이 고요히 내쉬는
숨소리

물결 사이사이 스며드는
산들바람 소리
저 강물이 고요히 들이쉬는
숨소리

강가에 넘쳐 나던 간밤의 어지러움
아득히 흘러간
가을 아침

백로도 아직 오지 않은 강
저 고요한
숨소리를 베고
다시 늦잠을 청하고 싶은

산득히 더운 품이 그리운
아침

강물의 노래

누가 이
흐르는 마음을 막을 것인가

둑은 나날이 높아지고
둑 너머 집들은 더 높아지고
내 길 좁히고 또 좁혀 오지만
좁으면 좁을수록
흐르는 마음은 깊어지는 법
깊으면 깊을수록
흐르는 마음은 푸르러지는 법

들판을 달리던 그 많은 길
잃어도 좋다

손바닥만 한 하늘 이고
관처럼 흘러가는 길
하여 더욱
깊고 푸르게 네게로 직행하는
이 설레임

고요의 그 품안
깨지 않는 깊은 잠
찾아가는 길

누가 이
외줄기 마음을 막을 것인가

여명의 답서

밤이 밀려가고 있다
너와 함께 바다로 가던 꿈이
밀려가고 있다
또 고무줄 같은 하루가 오고 있다

그래도 희망이 오고 있다
이 하루가 지나면
바다에 이를 날도
하루만큼 더 다가오지 않겠느냐

오늘은 골방에 들어
커튼 속에 밤을 짓고
또 밤 속에 너를 짓고
네 속에 내일을 짓고
대상포진의 하루를 견딜 것이다

저기 좀 보아,
너에게로 난 길에
내일이 저만치 다가오고 있다
꿈을 밀어 올리는
바다가 다가오고 있다

5부

동행

더불어 걸어온
강둑길에는
지난 한 철이
햇살로 쌓였는데

갈대야 강아지풀아

나는 너의
너는 나의
무엇이 무엇을 닮아 있을까
무엇이 무엇에게 익숙해져 있을까

이마 위 잿빛 머리카락일까
실바람에 흔들리는 눈짓일까

아니면,
또 아니면
바람보다 먼저 두근거리는
입술일까
심장일까

눈길

더불어 길을 가면서도
눈길 혼자 먼데로 가곤 하네

너도 두고
나도 두고
네 고요한 물거울 속에 잠방거리던
내 눈길 혼자
먼 바다로 가곤 하네
먼 하늘로 가곤 하네

산적 떼같이 골목마다 매복한 바람들
언제 함성을 지르며 쏟아져 나올지……
바람에 휩쓸린 강변의 모래들
언제 밀려와 네 물거울 덮어버릴지……

너도 몰래
나도 몰래
네 투명한 물거울 속에 잠들었던
내 눈길 혼자
그 끝판을 보곤 하네

그 죽음을 보곤 하네

더불어 길을 가면서도
눈길 혼자 먼데서 서성이곤 하네

그림

아파트 십구 층 난간에서
그림을 그린다

목을 길게 내밀어도 보이지 않는,
가로수 느티나무 붉어가는 생애
선 작두 같은 건물 모서리에 잘려 나간
절반을 그려 넣는다

발돋움을 해도 보이지 않는,
산줄기, 타들어 가는 가을
선 작두 같은 아파트 모서리에 잘려 나간
끝을 더듬어 그려 간다

가다가, 가다가, 붓끝이 멈추는 어느 기슭
새 지붕 토담집 바지랑대 빨랫줄에
하늘 빛 옥양목 저고리
기러기인 양 훨훨 털어 너는
너의 손 너의 손목

아파트 십구 층 난간에서
보이지 않는 너를 그린다

눈길에서

찔레꽃처럼 눈은 덮이는데
저 눈송이 아래 마주선 소나무가 되랴

잎잎이 눈송이를 덮듯 너와 나
상처마다 눈꽃을 피워 하얗게 서랴

길들도
집들도
상처들 하얗게 덮고 잠든 이 겨울 새벽

지나온 발자국도 눈에 묻히는데
저 눈송이 아래 마주선 침묵이 되랴

몸 구석구석 솔잎처럼 찔러오는 초록의 피

아무도 모르게 하얗게 덮고
그냥 하얀 눈짓으로나 겨울을 나랴

가을 장미

피보다 붉은 꽃
골목을 서성인다

불꽃보다 붉은 꽃
골목을 기웃거린다

저만치 다가오는 이
그인가
그인가
발돋움도 하다가
저만치 뒤에서 다가오는 이
그인가
그인가
고개를 돌리다가

지나는 것은 바람뿐
바람만 가득한 골목뿐

피보다 붉은 눈물이 진다
불꽃보다 붉은 눈물이 진다

또 초승에

언제나 내 시는
팔월도 초닷새쯤 돋는 달이 되랴

한가위 만월을 꿈꾸는 말쑥한 부끄럼
구름이 덮다 가도 다시 난 듯 더 맑다

아스라이 가지 끝 왼 볼만 붉어오는 능금을
접시인 양 받다가
어둔 내 발걸음 가벼이 또 흔들리게
눈웃음으로 벗어나는 팔월도 초닷새 달

생량머리 더듬어오는 바람 같은
언제나 내 시는 달이 되랴

나는 언제나
팔월도 초닷새쯤 돋는 달이 되랴

가을에게

이슬에 젖어 돌아왔네

눈물 같은 너의 이슬

이슬은
내 살갗에 살아 있어
내 살갗 아래 살아 있어

젖은 나는
이슬 더불어 잠들고
이슬 더불어 깨어나고

핏방울 같은 너의 이슬

이슬은
내 심장에 살아 있어
내 심장 속에 살아 있어

속으로 젖은 나는
이슬 더불어 두근거리고

이슬 더불어 꿈꾸고

이슬이 되어 나는 사네

눈보라 속에서

저 눈보라

그냥 이 세상 덮어 버렸으면

하얗게

나 그냥 덮어 버렸으면

눈꽃들, 아픈 숨결 뒤엉키는 이 산중

눈감은 채 그냥 눈보라 되어 버렸으면

저 솔잎 사이 그냥 하얗게 날아다녔으면

날아다니다 다니다

깜깜히

사라져 버렸으면

또 제비꽃에게

고아가 된 지 아주 오래,
이런 생각을 했어

가족이 없어지면 어떻게 살까
또 그냥 살아지겠지

그러면 내 길벗
네가 없어지면 어떻게 살까
또 그냥 살아지겠지?

노숙에 이골이 난 노숙자처럼
난장에 끌려나온 개처럼
그러다 노을 흐드러진 벼랑을 만나면
목숨 그냥 굴러버리겠지?

구르다 벼랑 아래 제비꽃 너를 만나면
노을보다 아린 피 네게 섞겠지

사월의 하늘마다 피어나겠지

잠투정

아이가 잠 못 이루고 칭얼대는 건
잠이 그리워서가 아닐 거라

엄마의 눈 맞춤 세상의 빛들
잠은 슬쩍 빼앗고
아이는 아차 또 붙들고

그럴 거라 꼭 그럴 거라

내가 지금 잠 못 이루고 뒤척이는 것도
잠이 그리워서가 아니거든

바람 부는 언덕에 두고 온 구절초 망울들
잠은 슬쩍 지우고
나는 아차 또 그리고

그러거든 자꾸 그러거든

다시 강물에게

이제야 알았어
너를 따라 흐르는 이 길이
내 길이라는 걸

벚꽃 가지 하늘을 덮은 고궁 길도 아니고
유리벽 빌딩들 내 몸을 비추는 포도도 아니고

버들개지 구절초 지천으로 뒤섞인 길
가도, 가도, 조약돌 차박거리는 길

지치면 네 푸른 마음에 손을 담그고
아프면 네 푸른 향기에 나를 누이고

너를 보며 가는 이 길이
내 길이라는 걸
이 하얘지는 나이에 겨우 알았어

끝에서 끝을 오가는 기찻길도 아니고
허공 높이 자리를 찾아가는 엘리베이터 길도 아니고

백로가 날면 하얀 날갯짓으로 흐르는 길
은어 떼 흐르면 은비늘로 부서지는 길

비가 쏟아지면 너처럼 꿈을 불리고
눈보라 쏟아지면 너처럼 얼음 아래 숨어 꿈을 익히고

천년의 바다에 노을 되러 가는 이 길이
내 길이라는 걸
모든 길 다 버린 이 나이에 이제야 알았어

태풍 전

입김으로 닦아낸 유리창 너머
엎드린 산자락
숨죽인 듯하다
태풍이 오고 있다는 걸 저도 알고 있을까
백로 한 마리
산자락을 향해 낮게 낮게 날고 있다
어서 가서
날갯짓에 서툰 어린것들 다독여야 할 것이다
태풍의 날카로운 발톱을 외로운 날개로 막아 내야 할 것이다
태풍에 맞서
태풍 없는 집 한 채 지켜 내야 할 것이다, 아니
태풍이 없는 숲으로 가야할 것이다
그 숲에서
어린것들 더불어 제 뜨락 하나 가꾸어 내야 할 것이다
태풍이여 오라
기다렸노라, 이 질긴 전쟁을! 끝장을!
결의에 찬 듯 저 백로
목에 단단히 힘 싣고 눅눅한 강 위를 날고 있다

그리고 강물에게

태풍이 휩쓸고 지나가도
너 여전히 맑은 웃음 거기 있고
나 그 웃음에 허리 펴며 여기 있다
여름이 살을 태우고 지나가도
너 더욱 여문 살빛으로 거기 있고
나 그 살빛 눈부시며 여기 있다
세상의 모든 것들
아픔이 되어 오고 가도
너는 아픔으로 영글고
나는 너를 보고 영글고
강물아
내 사랑아
너와 나 그렇게 흐르고 있다

강물의 손길

닿으면 살아나는 손이 있다
심장이 살아나고
가슴이 살아나고
눈물이 살아나고
내가 살아나는
손이 있다

영원의 길목에
어머니처럼 날 기다리는 손

닿으면 사라지는 손이 있다
한숨이 사라지고
쓰라림이 사라지고
배고픔이 사라지고
내가 사라지는
손이 있다

바다로 가는 길에
날 이끄는 손

나를 쓰다듬어
내 온 실핏줄을 일으켜 세우는 손이 있다

내 목숨을 키우는
너의 손이 있다

먼 강에게

아득히 네 소리 들으며
하루를 연다

너를 두고 멀리 있어도
너 때문에 있고
너를 두고 세상을 만나도
너 때문에 만난다

기나긴 밤들을 숨소리처럼 내 곁에 흐르던 너
이 지루한 생활의 감옥을 내 안에 살아 있는 너

꿈처럼 네 소리 담고
노역을 시작한다
개처럼 끌려와
생활의 문을 연다

죽음 너머 아스라이 영원으로 흐르는
너에게로 갈 출옥의 시간을 기다리며
목숨을 지킨다

구절초에게

강에는 비가 내리고
빗속에서 너를 보고 있다
흐린 가로등 아래
강물이 몸을 뒤척일 때마다
강물 따라 아프게 흔들리는 너를
먼 창가에서 지켜보고 있다
사랑은 그렇게 지켜보는 것인가
입술을 깨물면서
비가 그치고 너에게로 갈 아침을 기다리며
네 흔들리는 어깨를 지켜보고 있다
비가 그치면 네 꽃잎엔 또
가을빛 멍이 늘어날 것인데
비가 내리고 있다
너와 나의 거리를 완강히 차단하는 비
철조망 같은 비가 내리고 있다
가려 줄 수 없는 여기에서
가려주는 이 없어 더욱 시린 거기까지
완강한 슬픔이 내리고 있다

새삼 강에게

너는 나에게 무엇인가

너를 더불어 한참을 흘러온 지금에,
강이여

그저 네 은물결을 따라 흘러가고 있다는 것
그저 네 깊이에 나를 부비면서 흘러가고 있다는 것

하여 너는 나에게 무엇인가

사랑, 자애, 소망, 꿈, 동행, 그런 이름들을 붙여 보면서
강이여

너와 함께 흐르고 있다는 것
또 그것이 무엇인가
나에게 물으며, 물으며, 흐르고 있다는 것

결국, 네가 네 안에 기르는
비늘 고운 한 마리 자유가 되고 싶다는 것

국립중앙도서관 출판시도서목록(CIP)
답서 : 김삼주 제7시집 / 김삼주. -- 서울 : 우리글,
2007 p. ;   cm. – (우리글시선 ; 38)
ISBN 978-89-89376-76-7 04810 : \6000
ISBN 89-89376-20-3(세트)811.6-KDC4
895.714-DDC21
　　　　　　　　　　　CIP2007003466

답서

펴낸날 | 2007년 12월 21일 • 1판 1쇄
지은이 | 김삼주
펴낸이 | 김소양
편집주간 | 김삼주
편집 | 김소영
영업 | 임홍수

펴낸곳 | 도서출판 우리글 • 전화 | 02-566-3410 • 팩스 | 02-566-1164
주소 | 서울시 강남구 역삼동 837-17 삼성애니텔 1001호
이메일 | wrigle@wrigle.com • 홈페이지 | http://www.wrigle.com
출판등록 | 1998년 6월 3일 제03-01074호

도서출판 우리글 2007
Printed in Seoul, Korea

ISBN 978-89-89376-76-7
　　　 89-89376-20-3 세트
* 잘못된 책은 바꾸어 드립니다.
* 책값은 뒤표지에 있습니다.